ΤΟ MBTI

Πώς η γνώση του τύπου προσωπικότητάς σας μπορεί να σας βοηθήσει

50MINUTES.com

ΤΟ MBTI

Πώς η γνώση του τύπου προσωπικότητάς σας μπορεί να σας βοηθήσει

γραμμένο από Benjamin Fléron
μεταφρασμένο από Lina Sideris

50MINUTES.com

ΤΟ MBTI

- **Ποιο είναι το πρόβλημα;** Πώς να επιτύχετε επαγγελματική ολοκλήρωση προσδιορίζοντας τα κυρίαρχα χαρακτηριστικά της προσωπικότητάς σας με τη χρήση του MBTI;

- **Γιατί είναι χρήσιμο;** Ο MBTI μπορεί να σας βοηθήσει να κατευθύνετε την καριέρα σας προς τη σωστή κατεύθυνση, να περιβάλλετε τον εαυτό σας με τους κατάλληλους ανθρώπους και να βελτιώσετε την επικοινωνία και τις επαγγελματικές σας σχέσεις.

- **Επαγγελματικό πλαίσιο?** Επαγγελματικές σχέσεις, ανθρώπινοι πόροι, διαχείριση καριέρας, προσωπική ανάπτυξη, εταιρική κουλτούρα, ομαδική εργασία.

- **ΣΥΧΝΕΣ ΕΡΩΤΗΣΕΙΣ?**

  - Δεν αισθάνομαι ικανοποιημένος επαγγελματικά, μπορεί να με βοηθήσει ο MBTI;

  - Το στυλ διαχείρισης που ακολουθώ δεν λειτουργεί με όλους τους υπαλλήλους μου. Πώς μπορώ να χρησιμοποιήσω τον MBTI για να προσαρμόσω την ηγεσία μου;

  - Δεν αναγνωρίζω τον εαυτό μου στο ψυχολογικό προφίλ που μου αποδίδει ο MBTI, πρέπει να ανησυχώ;

  - Είμαι υπεύθυνος προσλήψεων και δεν μπορώ να αποφασίσω μεταξύ δύο υποψηφίων. Μπορώ να βασιστώ στον MBTI για να λύσω το πρόβλημά μου;

  - Είναι το αποτέλεσμα οριστικό ή μπορεί να αλλάξει με την πάροδο του χρόνου;

- Μου αρέσει η δουλειά μου, αλλά σύμφωνα με το ψυχολογικό μου προφίλ δεν μου ταιριάζει. Πρέπει να αλλάξω;

Σε έναν ολοένα και πιο ανταγωνιστικό επαγγελματικό κόσμο, όπου οι υποψήφιοι για εργασία είναι περισσότεροι από τις θέσεις που πρέπει να καλυφθούν και όπου η πίεση για απόδοση δεν ήταν ποτέ μεγαλύτερη, τα λάθη δεν επιτρέπονται πλέον. Πράγματι, τόσο για τους εργοδότες που αναζητούν το σπάνιο μαργαριτάρι όσο και για τους εργαζόμενους που αναζητούν την ιδανική θέση εργασίας, ένα λάθος στην επιλογή της πρόσληψης ή του επαγγελματικού προσανατολισμού μπορεί να αποβεί καταστροφικό. Τι θα γινόταν αν ο MBTI μπορούσε να βοηθήσει στη μείωση αυτού του κινδύνου;

Με σχεδόν δύο εκατομμύρια χρήστες κάθε χρόνο, το MBTI είναι το πιο δημοφιλές ψυχολογικό τεστ στον κόσμο. Το MBTI είναι ένα απλό ερωτηματολόγιο 88 ερωτήσεων που έχει σχεδιαστεί για να προσδιορίζει τους προτιμώμενους τρόπους λειτουργίας ενός ατόμου. Μόλις συμπληρωθεί το έντυπο, οι συμμετέχοντες λαμβάνουν ένα από τα 16 ψυχολογικά προφίλ, το καθένα από τα οποία αντιστοιχεί σε έναν διαφορετικό τρόπο αντίληψης του κόσμου και προσέγγισης των καθημερινών γεγονότων.

Πολλοί άνθρωποι κάνουν αυτό το τεστ απλώς από περιέργεια, είτε για να ελέγξουν την ακρίβεια της κρίσης τους είτε απλώς για να γνωρίσουν καλύτερα τον εαυτό τους. Όμως, ο MBTI δεν περιορίζεται μόνο στην ιδιωτική σφαίρα, αλλά χρησιμοποιείται τακτικά και στον εργασιακό χώρο: ένας υπεύθυνος προσλήψεων που δεν μπορεί να αποφασίσει μεταξύ δύο υποψηφίων, ένα αφεντικό που αναρωτιέται πώς να βελτιώσει τις ηγετικές του ικανότητες, ένας εργαζόμενος που βρίσκεται σε σταυροδρόμι και διστάζει να αυτοαπασχοληθεί ή ένας μελλοντικός φοιτητής που ανησυχεί μήπως πάρει λάθος μαθήματα. Όλα αυτά τα διαφορετικά άτομα είναι ωστόσο παρόμοια από μια άποψη: είναι όλοι τους δυνητικοί χρήστες του MBTI. Αλλά τι έχει να προσφέρει που είναι τόσο ξεχωριστό; Χάρη σε αυτό το φυλλάδιο, ανακαλύψτε όλα τα μυστικά αυτής της παγκοσμίου φήμης εξέτασης.

ABC ΤΗΣ ΧΡΗΣΗΣ ΤΟΥ MBTI

ΛΙΓΗ ΙΣΤΟΡΙΑ

Η συμβολή του Γιουνγκ...

Όλα ξεκίνησαν στις αρχές της δεκαετίας του 1920, όταν ο Ελβετός ψυχίατρος Carl Gustav Jung (1875-1961) διατύπωσε τη θεωρία του για τους ψυχολογικούς τύπους στο θεμελιώδες έργο του *Ψυχολογικοί τύποι* (1921). Διατύπωσε την ιδέα ότι η συμπεριφορά κάθε ανθρώπου εξαρτάται από την ερμηνεία των γεγονότων που συμβαίνουν στη ζωή του και των καταστάσεων που του παρουσιάζονται. Αυτό το πλέγμα ανάγνωσης οργανώνεται γύρω από τρεις άξονες που χωρίζονται σε δύο αντίθετους πόλους:

- Η προέλευση της ενεργειακής μας πηγής και ο δυναμισμός μας μεταξύ Εξωστρέφειας (**E**) και Εσωστρέφειας (**I**),

- ο τρόπος συλλογής πληροφοριών μεταξύ της Διαίσθησης (**N**) και της Αίσθησης (**Σ**),

- Ο τρόπος με τον οποίο λαμβάνουμε αποφάσεις χωρίζεται μεταξύ *Σκέψης* (**Σ**) και *Αίσθησης* (**A**).

... στη δημιουργία του MBTI

Στη συνέχεια, το 1943, οι Αμερικανίδες Katherine Cook Briggs (1875-1968) και Isabel Briggs Myers (1897-1980), μητέρα και κόρη αντίστοιχα, ανέπτυξαν την πρώτη έκδοση του *Δείκτη*

Τύπων Myers-Briggs, γνωστότερου ως MBTI, βασισμένες στην έννοια που είχε καθιερώσει ο Jung. Υιοθέτησαν τις προτιμήσεις του Γιουνγκ και προσδιόρισαν έναν τέταρτο άξονα, την Κρίση (**J**) έναντι της Αντίληψης (**P**), ο οποίος καθορίζει τον τρόπο δράσης μας. Έτσι, η προσωπικότητά μας και ο τρόπος λειτουργίας μας θα εξαρτηθούν από την προτίμησή μας (πρόκειται για μια φυσική τάση και όχι για συνειδητή επιλογή) για μία από τις δύο πιθανές απαντήσεις σε αυτά τα θεμελιώδη ερωτήματα.

Η ΑΝΑΚΑΛΥΨΗ ΤΩΝ 16 ΠΡΟΦΙΛ

Η γνώση των τεσσάρων προτιμήσεών σας θα σας δώσει τον ψυχολογικό σας τύπο. Σε συνδυασμό, ο MBTI δημιουργεί 16 διαφορετικά προφίλ.

Μόλις προσδιοριστεί ο τύπος προσωπικότητάς σας, θα σας δοθούν ιδιότητες και ελαττώματα, δυνατά και αδύνατα σημεία (που ονομάζονται "ζώνες άνεσης" και "ζώνες προσπάθειας" αντίστοιχα), προτιμώμενοι τρόποι λειτουργίας και κύρια ή δευτερεύοντα χαρακτηριστικά του χαρακτήρα που σχετίζονται με το προφίλ σας. Τέλος, θα σας προταθούν ορισμένοι τομείς δραστηριότητας που αντιστοιχούν στις ικανότητες και τις φυσικές σας τάσεις.

Για να σας δώσουμε μια γεύση των διαφορετικών χαρακτηριστικών που αποδίδονται σε κάθε έναν από τους 16 τύπους, δίνονται εδώ σύντομες περιγραφές. Αυτές δεν είναι καθόλου εξαντλητικές και περιλαμβάνονται σε αυτό το βιβλίο μόνο για ενημερωτικούς σκοπούς. Η ανάλυση των προφίλ είναι στην πραγματικότητα πολύ πιο πολύπλοκη. Επιπλέον, η ανάγνωση αυτών των περιγραφών από μόνη της δεν αρκεί για να προσδιορίσετε τον τύπο σας- μόνο το τεστ μπορεί να το κάνει αυτό.

- **Οι ISTJ** παίρνουν πολύ σοβαρά τις ευθύνες και τα καθήκοντά τους. Ακούνε τους άλλους, δέχονται καλά την εποικοδομητική κριτική και μπορούν να χειριστούν καταστάσεις σύγκρουσης. Ωστόσο, τείνουν να πιστεύουν ότι έχουν πάντα δίκιο, δυσκολεύονται να δείξουν ενσυναίσθηση ή στοργή, με αποτέλεσμα να φαίνονται άκαμπτοι.

- **Ο ISTP** δεν είναι πολύ συναισθηματικός, είναι καλός στην ανάλυση καταστάσεων, ενδιαφέρεται για το πώς λειτουργούν τα πράγματα, του αρέσει να μαθαίνει πώς να χρησιμοποιεί νέα τεχνικά ή τεχνολογικά εργαλεία και είναι περισσότερο προσανατολισμένος στα αποτελέσματα παρά στη θεωρία. Βαριούνται γρήγορα και χρειάζονται δράση.

- **Ο ISFJ** είναι ζεστός και φιλικός. Τους αρέσει να εξυπηρετούν και να ευχαριστούν τους άλλους με κίνδυνο να μην δίνουν αρκετή προσοχή στις δικές τους ανάγκες. Έχουν επίσης εξαιρετικές οργανωτικές ικανότητες. Από την άλλη πλευρά, δεν δέχονται καλά την κριτική, αποφεύγουν τις συγκρούσεις και δυσκολεύονται να πουν "όχι".

- **Οι ISFP είναι** ευαίσθητοι στο περιβάλλον τους και γενικά δείχνουν μεγάλη ενσυναίσθηση, την οποία εκφράζουν με συγκεκριμένες πράξεις. Οι προσωπικές τους αξίες είναι σημαντικές γι' αυτούς: σέβονται τις δεσμεύσεις τους και επιδιώκουν να οικοδομήσουν μόνιμες σχέσεις με τους άλλους. Αν και εμφανίζεται αισιόδοξος και χαλαρός, μερικές φορές δεν έχει αυτοπεποίθηση και δεν αισθάνεται άνετα να μιλάει δημόσια. Τείνει να ζει στο παρόν αντί να προβάλλει τον εαυτό του στο μέλλον.

- Ο **INTJ** περιγράφεται ως αναλυτικά σκεπτόμενος που είναι σε θέση να εφαρμόσει στην πράξη τις στρατηγικές που έχει αναπτύξει προσεκτικά. Πραγματικός και με αυτοπεποίθηση, είναι γενικά καλός ηγέτης, αν και μερικές φορές είναι λίγο υπερβολικά ατομικιστής. Δεν τον ενοχλεί η σύγκρουση ή η κριτική- θα απαντήσει με λογικά επιχειρήματα. Έτσι, βλέπει τις σχέσεις του ορθολογικά πριν εξετάσει τη συναισθηματική πλευρά. Πιστός στους φίλους του, μπορεί να δυσκολεύεται να εκφράσει τα συναισθήματά του.

- **Ο INTP είναι** περίεργος, του αρέσει να μαθαίνει και γενικά παράγει πρωτότυπες ιδέες, αλλά θα νιώσει άβολα με την εφαρμογή τους. Προτιμούν τη λογική ανάλυση των καταστάσεων και εκτιμούν την εμπειρογνωμοσύνη αντί της άμεσης μάθησης στη δουλειά. Είναι αυτόνομοι και προτιμούν να εργάζονται μόνοι τους παρά σε ομάδες όπου μπορεί να μην αισθάνονται άνετα. Από αυτή την άποψη, μπορεί να φαίνεται ψυχρός και μερικές φορές να πληγώνει τους άλλους με την κριτική του.

- **Οι INFJ** είναι ήρεμοι, διπλωματικοί, στοργικοί και ενδιαφέρονται για τα συναισθήματα των γύρω τους. Επιδιώκοντας διαρκώς να διατηρούν τις σχέσεις τους στο σωστό δρόμο, θα είναι συγκρατημένοι σε περίπτωση έντασης, χωρίς να διστάζουν να αποφύγουν τη σύγκρουση. Πολύ απαιτητικός με τους άλλους και με τον εαυτό του, δυσκολεύεται να δεχτεί κριτική.

- Ο **INFP** εκτιμά τους άλλους και μπορεί να αποτελέσει μεγάλη υποστήριξη για τους γύρω του. Κατανοούν και σέβονται την ελευθερία και την ατομικότητα των άλλων. Είναι ευέλικτα και προσαρμόζονται εύκολα σε νέα περιβάλλοντα. Ωστόσο, η ντροπαλή και συγκρατημένη φύση τους μπορεί να κάνει δύσκολη την προσέγγισή τους, και για καλό λόγο: δεν τους αρέσει να εισβάλλουν οι άνθρωποι στον ιδιωτικό τους χώρο.

- Ο **ESTJ** είναι αισιόδοξος, φιλικός και αξιόπιστος. Προτιμά να επιλύει τις συγκρούσεις παρά να τις αποφεύγει. Έχουν την ανάγκη να ηγηθούν και παίρνουν τις δεσμεύσεις τους πολύ σοβαρά. Τους αρέσει η ομαδική εργασία, αλλά μπορεί να είναι ανυπόμονοι και να πληγώνουν τους ανθρώπους που θεωρούν αναποτελεσματικούς και απρόσεκτους.

- **Στους ESTPs** αρέσει να παίρνουν (υπολογισμένα) ρίσκα. Ζουν στο παρόν και στη δράση και παραμένουν ανοιχτοί στις ευκαιρίες. Κοινωνικοί και πειστικοί, ξέρουν να πουλάνε τον εαυτό τους και τις ιδέες τους, αλλά δεν έχουν μακροπρόθεσμο όραμα και σταθερότητα στις δεσμεύσεις τους.

- Ο **ESFJ** εστιάζει κυρίως στον εξωτερικό του κόσμο. Είναι ζεστός, φιλικός, γενικά δημοφιλής και ενδιαφέρεται για την ευημερία των ανθρώπων και για το πώς τον βλέπουν. Ενώ μπορεί να είναι γενναιόδωρος, περιμένει ένα ορισμένο ποσό αναγνώρισης σε αντάλλαγμα και έχει μεγάλη ανάγκη για στοργή. Φοβούνται τις αλλαγές και αισθάνονται πιο ασφαλείς σε ένα οικείο περιβάλλον.

- Αυθόρμητοι αλλά μερικές φορές παρορμητικοί, **οι ΕΚΦΠ** ζουν στο παρόν και τους αρέσει να πειραματίζονται με νέα πράγματα. Έχουν θερμό χαρακτήρα και αισθάνονται άνετα στις διαπροσωπικές σχέσεις. Είναι επίσης πολύ παρατηρητικοί. Ωστόσο, συχνά στερούνται αυστηρότητας, ιδίως σε καθημερινές εργασίες που δεν τους ενδιαφέρουν.

- Ο **ENTJ** έχει μια φυσική τάση να ηγείται. Επιθυμώντας να λαμβάνουν σημαντικές αποφάσεις, συχνά τοποθετούν τους εαυτούς τους ως ηγέτες. Έχουν κίνητρα, δυναμική, αυτοπεποίθηση και ισχυρή θέληση. Μπορεί να είναι δυσανεκτικοί απέναντι στους άλλους και να μην ανταποκρίνονται πάντα στις ανάγκες τους.

- Ανοιχτός στον κόσμο, ο **ENTP** έχει μια συνεχή επιθυμία να κατανοεί τα πάντα, να μαθαίνει και να καινοτομεί. Είναι καλοί στο να αναλύουν τους ανθρώπους και, ως εκ τούτου, να αναπτύσσουν σχέσεις. Τους αρέσει να κάνουν τα πράγματα με τον δικό τους τρόπο, αλλά μερικές φορές μπορεί να είναι ψυχροί, ωμοί και αγενείς.

- **Οι ENFJ** έχουν εξαιρετικές διαπροσωπικές δεξιότητες: κατανοούν τους ανθρώπους και τους βοηθούν να γίνουν όσο το δυνατόν καλύτεροι. Η πιστή και φιλική του πλευρά μπορεί να τον οδηγήσει στο να γίνει ασφυκτικός και υπερπροστατευτικός. Είναι πολύ ευαίσθητοι στις συγκρούσεις και προσπαθούν να τις αποφεύγουν όσο το δυνατόν περισσότερο.

- Ο **ENFP** είναι αισιόδοξος, αυθόρμητος και δημιουργικός. Είναι προσανατολισμένοι στην αλλαγή και βαριούνται γρήγορα τη ρουτίνα. Είναι επίσης σε θέση να προβλέπουν και να ανταποκρίνονται στις ανάγκες των γύρω τους, οι οποίοι παίζουν σημαντικό ρόλο στην ευημερία τους.

Αν θέλετε να μάθετε περισσότερα για τα διάφορα προφίλ, τα συνοπτικά φυλλάδια που περιγράφουν λεπτομερώς τα χαρακτηριστικά καθενός από τους 16 τύπους είναι διαθέσιμα για αγορά από την OPP, τον ευρωπαϊκό εκδότη του MBTI, στη διεύθυνση https://www.opp.com/fr-BE/tools/MBTI/MBTI-materials. Αν δεν θέλετε να πληρώσετε γι' αυτό, θα πρέπει να γνωρίζετε ότι ορισμένοι ιστότοποι προσφέρουν αυτή την υπηρεσία δωρεάν, αλλά αυτό έχει διαφορετικό τίμημα: καθώς δεν είναι διαπιστευμένοι από τον επίσημο φορέα, δεν προσφέρουν καμία εγγύηση για την αξιοπιστία των πληροφοριών τους. Γι' αυτό να είστε προσεκτικοί.

ΠΡΑΚΤΙΚΕΣ ΕΦΑΡΜΟΓΕΣ ΣΤΟ ΧΩΡΟ ΕΡΓΑΣΙΑΣ

Είτε είστε ακόμα φοιτητής είτε ήδη εργαζόμενος, είτε κυνηγός προσωπικού είτε υποψήφιος για εργασία, είτε διευθυντής σε μεγάλη εταιρεία είτε προϊστάμενος μιας μικρής ΜΜΕ, υπάρχουν πολλοί λόγοι για να ενδιαφέρεστε για τον MBTI.

- **Προσανατολισμός σταδιοδρομίας ή σπουδών.** Όταν ξεκινούν τις σπουδές τους στην τριτοβάθμια εκπαίδευση, πολλοί νέοι αμφισβητούν τον εαυτό τους, διστάζουν και καταλήγουν να παίρνουν λάθος κατεύθυνση. Αν και προφανώς δεν αποτελεί "ασφαλιστήριο συμβόλαιο για όλους τους κινδύνους", ο MBTI μπορεί να βοηθήσει αυτούς τους μαθητές υποδεικνύοντας επαγγελματικούς τομείς στους οποίους είναι πιθανό να ευδοκιμήσουν με βάση την προσωπικότητά τους. Δεν είναι τυχαίο ότι οι σύμβουλοι καθοδήγησης χρησιμοποιούν όλο και περισσότερο αυτό το εργαλείο για την υποστήριξη των εφήβων. Ομοίως, οι εργαζόμενοι που αισθάνονται ακατάλληλοι στην τρέχουσα εργασία τους και έχουν τη δυσάρεστη εντύπωση ότι έχουν ακολουθήσει λάθος πορεία σταδιοδρομίας μπορούν επίσης να βρουν τρόπους επανεκπαίδευσης μέσω αυτού του εργαλείου. Για παράδειγμα, ένας νέος που έχει τον τύπο ENFJ θα ήταν καλό να εξετάσει τη διδασκαλία ή τις πολιτικές επιστήμες όταν επιλέξει τις σπουδές του. Παθιασμένοι, χαρισματικοί και αλτρουιστές, οι ENFJ είναι ιδανικά πρότυπα. Εμπνέουν σεβασμό και θαυμασμό και είναι άριστοι επικοινωνιολόγοι- . Αυτές οι ιδιότητες συναντώνται τόσο στους καλύτερους δασκάλους όσο και στους σπουδαίους πολιτικούς. Ο Μπαράκ Ομπάμα (44ε πρόεδρος των ΗΠΑ, γεννημένος το 1961), ο Ρόναλντ Ρέιγκαν (40ε πρόεδρος των ΗΠΑ, 1911-2004) και ο Φρανσουά Μιτεράν (21ε πρόεδρος της Γαλλίας, 1916-1996) είναι, για παράδειγμα, και οι τρεις ENFJ.

- **Επιλογή του κατάλληλου υποψηφίου. Σε** μια εποχή που κάθε αγγελία εργασίας προκαλεί πληθώρα αιτήσεων, δεν είναι πάντα εύκολο να επιλέξει κανείς το σωστό άτομο. Όσον αφορά τις τεχνικές δεξιότητες, οι υποψήφιοι είναι μερικές φορές περισσότερο από κατάλληλοι για τη θέση εργασίας, αλλά τι γίνεται με την προσωπικότητά τους; Ταιριάζει με την εικόνα της εταιρείας; Ταιριάζει με τη διαθέσιμη θέση; Είναι δύσκολο να είναι κανείς σίγουρος γι' αυτό μετά από μια απλή συνέντευξη. Ζητώντας από τους υποψηφίους να κάνουν το τεστ MBTI, οι υπεύθυνοι προσλήψεων δίνουν στον εαυτό τους μια επιπλέον ευκαιρία να διατηρήσουν τον κατάλληλο εργαζόμενο.

- **Προσαρμόστε την επικοινωνία και τη διαχείρισή σας στους υπαλλήλους σας.** Δύο διαφορετικά άτομα δεν θα αντιδράσουν με τον ίδιο τρόπο σε μια πανομοιότυπη παρατήρηση. Για παράδειγμα, ενώ κάποιοι άνθρωποι μπορεί να εκτιμούν το γεγονός ότι τους πιέζουν λίγο και θα δώσουν τον καλύτερό τους εαυτό στη συνέχεια, άλλοι θα κλείσουν σαν στρείδια και θα αποδειχθούν εντελώς αντιπαραγωγικοί και αναποτελεσματικοί μετά από μια ισχυρή επίπληξη. Ζητώντας από τους υπαλλήλους σας να παίξουν το παιχνίδι MBTI, θα μπορέσετε να εντοπίσετε ευκολότερα τους τρόπους λειτουργίας του κάθε ατόμου και θα μάθετε να προσαρμόζετε τη μέθοδο διαχείρισης στον συνομιλητή σας, ώστε να αποκαλύψετε το πλήρες δυναμικό του.

- **Ανάπτυξη της συνοχής της ομάδας.** **Έχετε** παϸατηρήσει ποτέ ότι κάποιοι άνθρωποι δεν μπορούν να συνεργαστούν αποτελεσματικά, ενώ άλλοι συμπληρώνουν τέλεια ο ένας τον άλλον; Άτομα με αντίθετη ιδιοσυγκρασία μπορεί να δυσκολεύονται να παράγουν ποιοτική εργασία όταν βρίσκονται σε καθημερινή επαφή μεταξύ τους, ενώ άλλα έχουν συμπληρωματικές προσωπικότητες που τους επιτρέπουν να αξιοποιούν στο έπακρο τις αντίστοιχες ιδιότητές τους. Γνωρίζοντας τα διαφορετικά προφίλ MBTI των υπαλλήλων σας, θα δώσετε τέλος στις ανεπιτυχείς συνεργασίες και θα αποκτήσετε τα μέσα για να δημιουργήσετε αποτελεσματικές και παραγωγικές ομάδες. Με αυτόν τον τρόπο, ένα υπερ-συναισθηματικό άτομο δεν θα χρειάζεται πλέον να αντιμετωπίζει την ανοιχτότητα των αναίσθητων συναδέλφων, ή κάποιος που είναι καλύτερος στην ανάπτυξη σχεδίων δράσης αλλά δυσκολεύεται να τα εφαρμόσει, θα μπορεί να βασίζεται σε έναν πιο πρακτικό συνάδελφο.

ΤΑ ΟΡΙΑ ΤΟΥ ΣΥΣΤΗΜΑΤΟΣ

Επομένως, η χρήση του MBTI για επαγγελματικούς σκοπούς μπορεί να είναι καλή ιδέα από πολλές απόψεις. Ωστόσο, είναι σημαντικό να γνωρίζουμε τους περιορισμούς αυτής της μεθόδου, η οποία δεν είναι αλάνθαστη και έχει τα ελαττώματά της. Πολλά μέλη της επιστημονικής κοινότητας σπεύδουν να επισημάνουν αυτές τις ελλείψεις. Για παράδειγμα, στη μελέτr του με τίτλο "Ας δοκιμάσουμε τα τεστ", το Neoma Business School (Γαλλία) αμφισβητεί την επιρροή της προσωπικότητας στη συμπεριφορά στην εργασία, η οποία θα εξαρτιόταν τελικά περισσότερο από το πλαίσιο. Όσο για τον Αμερικανό επιστημονικό δημοσιογράφο Joseph Stromberg, δεν είναι πιο θετικός στο άρθρο του με τίτλο "Γιατί το τεστ Myers-Briggs είναι εντελώς ανούσιο", επισημαίνοντας την έλλειψη σοβαρών ερευνών επί του θέματος, την αδιαφοροποίητη φύση των επιλογών των απαντήσεων και την ευελιξία των αποτελεσμάτων που μπορεί να διαφέρουν από τη μία εβδομάδα στην άλλη.

- **Οι συνθήκες κάτω από τις οποίες το άτομο κάνει το MBTI μπορεί να επηρεάσουν τις απαντήσεις του.** Ο υποψήφιος που συμμετέχει στο τεστ κατόπιν ρητής επιθυμίας του υπεύθυνου προσλήψεων προφανώς δεν θα βρίσκεται στην καλύτερη δυνατή κατάσταση για να απαντήσει στις ερωτήσεις. Το άγχος που ενυπάρχει σε μια τέτοια κατάσταση, ο φόβος μήπως απαντήσετε "λάθος", η επιθυμία να ικανοποιήσετε τους υπεύθυνους πρόσληψης κ.λπ. είναι στοιχεία που μπορούν να επηρεάσουν τα τελικά αποτελέσματα και να οδηγήσουν σε εσφαλμένη ανάλυση και, ως εκ τούτου, σε εσφαλμένο προφίλ.

- **Το ενδεχόμενο να μην απαντηθούν ορισμένες ερωτήσεις μπορεί να αλλοιώσει τα αποτελέσματα.** Αν και συνιστάται να απαντηθούν και οι 88 ερωτήσεις του τεστ κατά το δυνατόν, επιτρέπεται να παραμείνουν κενές ορισμένες ενδείξεις όταν καμία από τις προσφερόμενες επιλογές δεν φαίνεται κατάλληλη. Ωστόσο, οι πολλές παραλείψεις θα οδηγήσουν σε μια ασαφή ανάλυση που θα βασίζεται σε πολύ λίγα στοιχεία.

- **Το ανθρώπινο ον είναι εξ ορισμού πολυπληθές και πολύπλοκο.** Οι διαφορετικοί τύποι προσωπικότητας που προτείνει ο MBTI είναι πολλά κλειδιά που μπορούν να μας βοηθήσουν να γνωρίσουμε καλύτερα τον εαυτό μας και να ανακαλύψουμε τον κύριο τρόπο λειτουργίας μας. Ωστόσο, είναι σημαντικό να έχουμε κατά νου ότι οι άνθρωποι είναι από τη φύση τους πολλαπλοί και μεταβαλλόμενοι και ότι ο τρόπος με τον οποίο ερμηνεύουν και αλληλεπιδρούν με τα πράγματα δεν θα παραμείνει απαραίτητα ο ίδιος από τη μια μέρα στην άλλη. Διάφοροι εξωτερικοί παράγοντες είναι πιθανό να επηρεάζουν τις πράξεις μας και την αντίληψή μας για τα γεγονότα κατά καιρούς: μια εξαιρετική βραδιά που περάσαμε το προηγούμενο βράδυ, άγχος, ασθένεια, απώλεια ενός αγαπημένου προσώπου, απόλυση κ.λπ.

- **Η επιστημονική εγκυρότητα του MBTI δεν έχει ακόμη απο-δειχθεί.** Ενώ το MBTI παρουσιάζεται ως ψυχολογικό τεστ, ούτε η Katherine Cook Briggs ούτε η Isabel Briggs Myers είχαν εκπαιδευτεί στην ψυχολογία. Επιπλέον, η Γιουνγκιανή έννοια των ψυχολογικών τύπων αναπτύχθηκε σε μια εποχή που ο κλάδος δεν θεωρούνταν ακόμη εμπειρική επιστήμη, η οποία απαιτούσε αντικειμενικά και επαληθεύσιμα πειρά-ματα. Έτσι, οι θεωρίες του Γιουνγκ βασίζονταν περισσότερο σε μια σειρά προσωπικών προβληματισμών παρά σε συγκε-κριμένα επιστημονικά δεδομένα.

- **Το MBTI μπορεί να είναι απαγορευτικά ακριβό.** Το Διαδίκτυο είναι γεμάτο από ιστότοπους που προσφέρουν δωρεάν εκδόσεις του MBTI, αλλά η μόνη αξιόπιστη έκδοση βρίσκεται στον ιστότοπο του OPP και δεν είναι ελεύθερα διαθέσιμη. Είτε θέλετε να παρακολουθήσετε ένα εκπαιδευ-τικό πρόγραμμα για να γίνετε πιστοποιημένος εμπειρογνώ-μονας, είτε να παρακολουθήσετε ένα σεμινάριο εφαρμογής του MBTI, είτε απλώς να αγοράσετε ερωτηματολόγια, πλέγ-ματα απαντήσεων, ατομικά πορτρέτα ή πρόσθετους πόρους, θα πρέπει να βγάλετε το πορτοφόλι σας.

ΚΟΡΥΦΑΙΕΣ ΣΥΜΒΟΥΛΕΣ

- **Να θυμάστε ότι δεν υπάρχουν καλοί ή κακοί τύποι προσωπικότητας.** Είτε είστε INTP, ENFJ ή ISTJ, δεν ξεκινάτε με περισσότερες ή λιγότερες πιθανότητες στη ζωή από κάποιον με διαφορετική διάγνωση. Μην ταλαιπωρείτε τον εαυτό σας χωρίς λόγο. Κάθε τύπος έχει τα δυνατά και τα αδύνατα σημεία του, τα πλεονεκτήματά του προς εκμετάλλευση και τους τομείς που χρήζουν βελτίωσης. Για παράδειγμα, όταν έρχονται αντιμέτωποι με μια μακροχρόνια εργασία ρουτίνας, τα άτομα που κατατάσσονται ως ENFP μπορεί, σύμφωνα με τον MBTI, να δυσκολεύονται να διατηρήσουν τη συγκέντρωσή τους για πολύ καιρό. Από την άλλη πλευρά, τείνουν να είναι άριστοι επικοινωνιολόγοι και διαθέτουν αυξημένη διαίσθηση.

- **Έχετε επίγνωση των περιορισμών του μοντέλου.** Αν τα αποτελέσματά σας δείχνουν INTJ, αυτό δεν σημαίνει ότι η προσωπικότητά σας ταιριάζει απαραίτητα απόλυτα με αυτό το προφίλ. Είμαστε περισσότεροι από επτά δισεκατομμύρια, όλοι προερχόμενοι από διαφορετικά περιβάλλοντα με τις δικές μας εμπειρίες. Επομένως, είναι αδιανόητο ότι ο καθένας μας θα μπορούσε να ενταχθεί εξ ολοκλήρου σε ένα από τα 16 μοντέλα που καθιέρωσαν οι Myers και Briggs. Επομένως, μην εκπλαγείτε αν δεν αναγνωρίζετε τον εαυτό σας σε κάποιο από τα σημεία του προφίλ σας. Απλά αναρωτηθείτε αν είναι δυνατόν να βαδίζετε σε λάθος δρόμο, ρωτήστε τους γύρω σας για τη γνώμη τους, αν χρειαστεί, και αν ακόμα δεν έχετε πειστεί, τότε εμπιστευτείτε τον εαυτό σας: είστε ακόμα το άτομο που είναι σε θέση να γνωρίζει καλύτερα ποιος πραγματικά είστε. Ο MBTI είναι μόνο ένα βοήθημα για την αυτογνωσία, αλλά δεν είναι η απόλυτη αλήθεια.

- **Να είστε όσο το δυνατόν πιο ειλικρινείς στις απαντήσεις σας. Προκειμένου** η εμπειρία να είναι κερδοφόρα και πειστική, είναι απαραίτητο να απαντήσετε χωρίς εξαπάτηση, σύμφωνα με αυτό που πραγματικά νομίζετε ότι είστε και όχι αυτό που θα θέλατε να είστε ή αυτό που νομίζετε ότι ανταποκρίνεται στις προσδοκίες των πιθανών προσληπτών. Δεν υπάρχουν προφίλ που είναι καλύτερα από άλλα, απλά να είστε ο εαυτός σας και να αναλαμβάνετε την ευθύνη.

- **Μην χρονοτριβείτε πριν απαντήσετε. Καθώς** το τεστ εξελίσσεται, πιθανόν να βρείτε τον εαυτό σας να αμφιταλαντεύεται μεταξύ δύο απαντήσεων που σας φαίνονται αποδεκτές. Μην διστάζετε πολύ και απλά επιλέξτε αυτό που σας έρχεται στο μυαλό, αυτό που σας φαίνεται πιο φυσικό. Και αν πραγματικά δεν μπορείτε να αποφασίσετε, τότε μην απαντήσετε! Ωστόσο, προσπαθήστε να μην παραλείψετε πολλές ερωτήσεις, διαφορετικά ο αριθμός των στοιχείων θα είναι πολύ μικρός για να καταρτιστεί ένα αξιόπιστο και έγκυρο προφίλ του προσώπου σας.

- **Εξαφανίστε τις φανταχτερές και ανεπίσημες εκδόσεις.** Πολλοί ιστότοποι προσφέρουν δωρεάν τεστ MBTI, αλλά συνήθως πρόκειται για αναξιόπιστες εκδόσεις. Στη Γαλλία και το Βέλγιο, ο επίσημος εκδότης του MBTI είναι η OPP, οπότε μην ξεγελιέστε από ψεύτικα τεστ ή μη πιστοποιημένους εκπαιδευτές MBTI. Για να διασφαλίσετε ότι τα αποτελέσματά σας είναι έγκυρα και αξιόπιστα, επιλέξτε την επίσημη έκδοση που χορηγείται από πιστοποιημένους εμπειρογνώμονες.

- **Μην παρουσιάζετε τον MBTI ως τεστ, αλλά ως ερωτηματολόγιο ή δείκτη.** Εάν σκοπεύετε να εξετάσετε τον MBTI στους υπαλλήλους σας ή στους υποψήφιους για εργασία, βεβαιωθείτε ότι δεν αισθάνονται ότι δίνουν εξετάσεις για τις οποίες βαθμολογούνται, καθώς αυτό θα αλλοίωνε τα αποτελέσματα. Το άγχος, ο φόβος μήπως κάνετε λάθος ή η παράνοια για φανταστικές προθέσεις πίσω από κάθε ερώτηση θα μπορούσαν να θέσουν σε κίνδυνο την αξιοπιστία των προφίλ. Επομένως, είναι απαραίτητο να δημιουργηθεί ένα ευνοϊκό κλίμα, ώστε οι υποψήφιοι να βρεθούν στις καλύτερες δυνατές συνθήκες.

- **Λάβετε υπόψη σας ότι οι προσωπικότητες είναι πιο διαφοροποιημένες από ό,τι φαίνονται.** Το γεγονός ότι ο υπάλληλός σας έχει χαρακτηριστεί ως ISFP δεν σημαίνει ότι έχει απαραίτητα όλα τα χαρακτηριστικά που χαρακτηρίζουν αυτόν τον τύπο προσωπικότητας ή ότι δεν παρουσιάζει επίσης χαρακτηριστικά που συνήθως αποδίδονται στους INFP ή ESFP. Η γραμμή μεταξύ δύο τύπων προσωπικότητας είναι μερικές φορές πολύ λεπτή και το αποτέλεσμα μπορεί να εξαρτάται από μια διστακτική απάντηση σε μια ασαφή ερώτηση. Επομένως, αποφύγετε τις βιαστικές κρίσεις με βάση αυτά τα τέσσερα γράμματα, τα οποία αφήνουν ελάχιστα περιθώρια για αποχρώσεις, και δώστε τουλάχιστον την ίδια σημασία στα ποσοστά που εμφανίζονται δίπλα στους άλλους τύπους.

ΣΥΧΝΕΣ ΕΡΩΤΗΣΕΙΣ

ΔΕΝ ΑΙΣΘΑΝΟΜΑΙ ΙΚΑΝΟΠΟΙΗΜΕΝΟΣ ΕΠΑΓΓΕΛΜΑΤΙΚΑ, ΜΠΟΡΕΙ ΝΑ ΜΕ ΒΟΗΘΗΣΕΙ Ο MBTI;

Ο MBTI μπορεί να σας βοηθήσει με πολλούς διαφορετικούς τρόπους. Ανάλογα με τον ψυχολογικό τύπο που σας αποδίδεται στο τέλος του τεστ, θα σας προταθεί μια σειρά επαγγελματικών τομέων στους οποίους μια προσωπικότητα σαν τη δική σας είναι πιθανό να ευδοκιμήσει. Για παράδειγμα, οι INFPs, που είναι γνωστό ότι είναι καλλιτέχνες στην καρδιά τους, συχνά κατευθύνονται προς επαγγέλματα που δίνουν έμφαση στη δημιουργικότητα: συγγραφείς, δημοσιογράφοι, μουσικοί, γραφίστες, σχεδιαστές κ.λπ.

Αν το πρόβλημα είναι περισσότερο σχεσιακό, αν σας αρέσει η δουλειά σας αλλά δεν μπορείτε να βρείτε κοινό έδαφος με κάποιους συναδέλφους σας, ο MBTI θα σας βοηθήσει να εντοπίσετε καλύτερα τους εσωτερικούς μηχανισμούς που μπορεί να εμποδίζουν τη σχέση σας μαζί τους. Μόλις εντοπιστούν αυτά τα προβλήματα, η επίλυσή τους θα διευκολυνθεί λογικά. Για παράδειγμα, αν έχετε έναν τύπο προσωπικότητας που είναι γνωστός για την αυξημένη ευαισθησία του, δεν αποτελεί έκπληξη το γεγονός ότι δυσκολεύεστε να συνεννοηθείτε με τους πιο άμεσους και απόμακρους συναδέλφους σας. Η επίγνωση αυτού του γεγονότος θα σας βοηθήσει να διορθώσετε τα πράγματα μαζί τους.

ΤΟ ΣΤΥΛ ΔΙΑΧΕΙΡΙΣΗΣ ΠΟΥ ΑΚΟΛΟΥΘΩ ΔΕΝ ΛΕΙΤΟΥΡΓΕΙ ΜΕ ΟΛΟΥΣ ΤΟΥΣ ΥΠΑΛΛΗΛΟΥΣ ΜΟΥ. ΠΩΣ ΜΠΟΡΩ ΝΑ ΧΡΗΣΙΜΟΠΟΙΗΣΩ ΤΟΝ MBTI ΓΙΑ ΝΑ ΠΡΟΣΑΡΜΟΣΩ ΤΗΝ ΗΓΕΣΙΑ ΜΟΥ;

Διαφορετικοί εργαζόμενοι έχουν διαφορετικές προσωπικότητες και, ως εκ τούτου, διαφορετικούς τρόπους εργασίας. Ως εκ τούτου, δεν αποτελεί έκπληξη το γεγονός ότι δεν θα επιτύχετε τα επιθυμητά αποτελέσματα εάν δεν προσαρμόσετε το στυλ διαχείρισης στο πρόσωπο με το οποίο έχετε να κάνετε. Γνωρίζοντας τα πρότυπα συμπεριφοράς όλων των υπαλλήλων σας, θα ανακαλύψετε επίσης πώς να προσαρμόσετε την επικοινωνία σας στον καθένα από αυτούς, ώστε να μεταφέρετε ομαλά τα μηνύματά σας.

Έτσι, δεν απευθύνεται κανείς σε έναν ENTP με τον ίδιο τρόπο που απευθύνεται σε έναν ISFJ. Ο πρώτος είναι ειδικός στις ερωτήσεις, ο οποίος ευδοκιμεί στην παθιασμένη συζήτηση και δεν εκτιμά να τον χτυπάνε γύρω από τον θάμνο όταν έχει κάτι να πει. Να είστε ειλικρινείς μαζί του, καθώς δεν περιμένει να του χαριστεί, και δεν είναι από αυτούς που παίρνουν τον εύκολο δρόμο όταν μιλούν. Ένας ISFJ συνήθως δυσκολεύεται να εκτιμήσει τον εαυτό του και δεν είναι ασυνήθιστο μια πιο δυναμική προσωπικότητα να παίρνει τα εύσημα που θα έπρεπε να του ανήκουν. Ωστόσο, αν δεν είναι ποτέ υπερήφανοι για την ποιότητα της εργασίας τους, αυτό δεν σημαίνει ότι δεν θέλουν να αναγνωριστεί η δουλειά τους. Προκειμένου να δώσουν τον καλύτερο εαυτό τους, είναι επομένως απαραίτητο να τους δώσουμε να καταλάβουν ότι οι προσπάθειές τους δεν περνούν απαρατήρητες, αλλά εκτιμώνται ιδιαίτερα. Μαθαίνοντας να διαχειρίζεστε τις προσωπικότητες των υπαλλήλων σας, θα κερδίσετε σε ηγετικό επίπεδο και αυτοί σε παραγωγικότητα.

ΔΕΝ ΑΝΑΓΝΩΡΙΖΩ ΤΟΝ ΕΑΥΤΟ ΜΟΥ ΣΤΟ ΨΥΧΟΛΟΓΙΚΟ ΠΡΟΦΙΛ ΠΟΥ ΜΟΥ ΑΠΟΔΙΔΕΙ Ο ΜΒΤΙ, ΠΡΕΠΕΙ ΝΑ ΑΝΗΣΥΧΩ;

Μην πανικοβάλλεστε, μπορεί να υπάρχουν διάφορες εξηγήσεις γι' αυτό:

- δεν κάνατε τη δοκιμασία υπό βέλτιστες συνθήκες και ήσασταν πιεσμένοι από ένα επαγγελματικό θέμα, όπως μια ευκαιρία για δουλειά, ή διαταραγμένοι από κάποιο γεγονός (θάνατος, ασθένεια κ.λπ.),

- δεν γνωρίζατε πάντα ποια επιλογή να επιλέξετε, δεν απαντήσατε σε αρκετές ερωτήσεις ώστε να παρέχετε αρκετά σχετικά δεδομένα, γεγονός που καθιστά τα αποτελέσματα αναξιόπιστα,

- Όπως όλα τα ανθρώπινα όντα, έχετε μια σύνθετη, διφορούμενη και μερικές φορές μεταβαλλόμενη προσωπικότητα. Επομένως, δεν ερμηνεύετε τον ίδιο τύπο γεγονότων και καταστάσεων με τον ίδιο τρόπο μέρα με τη μέρα, με ρομποτικό τρόπο. Ακριβώς όπως εξωτερικά, μεμονωμένα στοιχεία μπορούν να επηρεάσουν τις απαντήσεις σας στο τεστ, μπορούν επίσης να επηρεάσουν τη συμπεριφορά σας σε μια δεδομένη στιγμή, κάνοντάς σας να ενεργήσετε διαφορετικά. Μην ξεχνάτε ποτέ ότι είναι αδιανόητο επτά δισεκατομμύρια ανθρώπινα όντα να μπορούν να κατηγοριοποιηθούν τόσο τέλεια,

• Αν και χρησιμοποιείται παγκοσμίως και είναι διεθνώς αναγνωρισμένος, ο MBTI δεν έχει καμία επιστημονική αξία. Οι διάφοροι ψυχολογικοί τύποι που προτείνονται βασίζονται περισσότερο στους προσωπικούς προβληματισμούς και τις παρατηρήσεις των Jung, Briggs και Myers παρά σε εμπειρικά και αντικειμενικά επιστημονικά πειράματα. Επομένως, δεν υπάρχουν σχετικά επιστημονικά δεδομένα που θα μας επέτρεπαν να πούμε μετά το τεστ ότι ανήκετε σε αυτό ή εκείνο το προφίλ.

ΕΙΜΑΙ ΥΠΕΥΘΥΝΟΣ ΠΡΟΣΛΗΨΕΩΝ ΚΑΙ ΔΕΝ ΜΠΟΡΩ ΝΑ ΑΠΟΦΑΣΙΣΩ ΜΕΤΑΞΥ ΔΥΟ ΥΠΟΨΗΦΙΩΝ. ΜΠΟΡΩ ΝΑ ΒΑΣΙΣΤΩ ΣΤΟΝ MBTI ΓΙΑ ΝΑ ΛΥΣΩ ΤΟ ΠΡΟΒΛΗΜΑ ΜΟΥ;

Ο MBTI μπορεί πράγματι να είναι χρήσιμος σε τέτοιες περιπτώσεις. Όποια κι αν είναι η θέση εργασίας που αναζητάτε, προφανώς αναζητάτε τον ιδανικό υποψήφιο, αυτόν που διαθέτει όχι μόνο τις απαιτούμενες τεχνικές δεξιότητες, αλλά και την προσωπικότητα που ταιριάζει με την ομάδα και την εταιρική κουλτούρα σας. Έτσι, αν η θέση εργασίας απαιτεί ισχυρό χαρακτήρα και υψηλό επίπεδο αντοχής στο άγχος, θα επιλέξετε έναν υποψήφιο με αυτές τις ικανότητες. Πώς όμως μπορείτε να ανιχνεύσετε την προσωπικότητα ενός ατόμου μέσα σε λίγα λεπτά, *ειδικά* αν δεν έχετε γνώσεις ψυχολογίας; Σε αυτό το σημείο, ο MBTI έρχεται να σας παράσχει πληροφορίες σχετικά με την ιδιοσυγκρασία των διαφόρων υποψηφίων. Το μόνο που έχετε να κάνετε τότε είναι να κρατήσετε εκείνους των οποίων το ψυχολογικό προφίλ ταιριάζει με τις προσδοκίες σας και να απορρίψετε τους άλλους.

ΕΙΝΑΙ ΤΟ ΑΠΟΤΕΛΕΣΜΑ ΟΡΙΣΤΙΚΟ Ή ΜΠΟΡΕΙ ΝΑ ΑΛΛΑΞΕΙ ΜΕ ΤΗΝ ΠΑΡΟΔΟ ΤΟΥ ΧΡΟΝΟΥ;

Το προφίλ σας προφανώς δεν είναι σταθερό. Ακριβώς όπως η προσωπικότητά σας, μπορεί να αλλάξει ανάλογα με τις εμπειρίες που έχετε, τις καταστάσεις που αντιμετωπίζετε και τους ανθρώπους που συναντάτε κατά τη διάρκεια της ζωής σας. Θυμηθείτε λοιπόν να κάνετε τακτικά το τεστ για να βεβαιωθείτε ότι το ψυχολογικό σας προφίλ δεν έχει αλλάξει από την τελευταία φορά. Αυτό θα σας επιτρέψει να δείτε πού ακριβώς έγινε η αλλαγή. Ίσως έχετε γίνει πιο εξωστρεφής (Ε), για παράδειγμα, ή είναι πιο πιθανό να χρησιμοποιείτε τα συναισθήματά σας (ΣΤ) όταν παίρνετε αποφάσεις.

ΜΟΥ ΑΡΕΣΕΙ Η ΔΟΥΛΕΙΑ ΜΟΥ, ΑΛΛΑ ΣΥΜΦΩΝΑ ΜΕ ΤΟ ΨΥΧΟΛΟΓΙΚΟ ΜΟΥ ΠΡΟΦΙΛ, ΔΕΝ ΜΟΥ ΤΑΙΡΙΑΖΕΙ. ΠΡΕΠΕΙ ΝΑ ΑΛΛΑΞΩ;

Μην ανησυχείτε! Μην αρρωσταίνετε για το τίποτα, σκεπτόμενοι ότι μπορεί να χάσετε την επαγγελματική σας ζωή. Σκεφτείτε τον ΜΒΤΙ ως ένα εργαλείο που μπορείτε να χρησιμοποιήσετε αν αισθάνεστε ότι δεν ταιριάζετε στη δουλειά σας, αλλά κάντε ένα βήμα πίσω από αυτόν και μην του δίνετε μεγαλύτερη σημασία από όση του αξίζει. Να θυμάστε ότι εσείς εξακολουθείτε να είστε το άτομο που γνωρίζει καλύτερα τι σας ταιριάζει και τι σας αρέσει, οπότε εμπιστευθείτε την κρίση σας. Επιπλέον, το προφίλ σας ΜΒΤΙ δεν σας κολλάει, με την έννοια ότι μπορεί να αλλάξει με την πάροδο του χρόνου. Το τεστ αυτό δεν είναι 100% αξιόπιστο, είναι αδύνατο να πει με βεβαιότητα αν είστε κατάλληλος για ένα συγκεκριμένο επάγγελμα ή όχι.

ΑΠΟ ΕΣΑΣ ΕΞΑΡΤΑΤΑΙ!

Τώρα που ο MBTI δεν έχει μυστικά για εσάς, έχετε τα εργαλεία για να τον χρησιμοποιήσετε με τον καλύτερο δυνατό τρόπο. Ξεκινήστε αναρωτώμενοι αν αυτό το τεστ μπορεί να σας βοηθήσει με οποιονδήποτε τρόπο, σκεπτόμενοι τις διάφορες επαγγελματικές χρήσεις του. Αν η απάντηση είναι ναι, τότε μη διστάσετε και κάντε το βήμα! Ωστόσο, να έχετε πάντα υπόψη σας τις διάφορες συμβουλές που δίνονται σε αυτό το βιβλίο, ώστε να μην χάσετε τα πιθανά οφέλη του.

- Έτσι, αν σκέφτεστε να κάνετε το MBTI για τις δικές σας ανάγκες, για παράδειγμα για επαγγελματική επανεκπαίδευση, να θυμάστε ότι τα αποτελέσματα που θα προκύψουν και οι προτεινόμενοι τομείς δραστηριότητας παραμένουν μόνο ενδείξεις, συμβουλές που μπορείτε να ακούσετε ή όχι.

- Αν σκέφτεστε να χρησιμοποιήσετε αυτό το εργαλείο με τους υπαλλήλους σας ή με τους υποψηφίους για μια κενή θέση στην εταιρεία σας, φροντίστε να περιβάλλεστε από ειδικούς πιστοποιημένους από το OPP, τον επίσημο κάτοχο των δικαιωμάτων του MBTI, ώστε να διασφαλίσετε την αξιοπιστία των αποτελεσμάτων.

Μόλις αποκτήσετε τα δεδομένα, εναπόκειται σε εσάς να τα αξιοποιήσετε με τον καλύτερο δυνατό τρόπο σύμφωνα με τους προσωπικούς σας στόχους!

- Είστε επικεφαλής μιας μικρής επιχείρησης και βλέπετε τον MBTI ως έναν τρόπο να βελτιώσετε τις ηγετικές και επικοινωνιακές σας δεξιότητες για να αυξήσετε την παραγωγικότητα των υπαλλήλων σας. Χρησιμοποιήστε τα αποτελέσματα για να προσαρμόσετε την ομιλία σας και να απευθυνθείτε με τον σωστό τρόπο σε έναν υπάλληλο που έχει ταξινομηθεί ως INTJ και σε έναν άλλο που έχει ταξινομηθεί ως ESTP.

- Ως μελλοντικός φοιτητής με διάγνωση INTJ, δεν είστε σίγουροι για το ποια επαγγελματική πορεία θα ακολουθήσετε, διστάζοντας ανάμεσα στις επιστημονικές και τις λογοτεχνικές σπουδές. Εκμεταλλευτείτε τον κατάλογο των επαγγελμάτων που πιθανόν να είναι κατάλληλα για άτομα με προσωπικότητα παρόμοια με τη δική σας για να σας βοηθήσει να επιλέξετε. Θα παρατηρήσετε ότι επαγγέλματα όπως μηχανικός και γιατρός συνιστώνται ιδιαίτερα για το προφίλ σας.

ΓΙΑ ΝΑ ΠΡΟΧΩΡΗΣΕΤΕ ΠΕΡΑΙΤΕΡΩ

ΒΙΒΛΙΟΓΡΑΦΙΚΕΣ ΠΗΓΕΣ

"16 τύποι προσωπικότητας", στο *16personnalities.com*, πρόσβαση στις 25 Οκτωβρίου 2015.

http://www.16personalities.com/fr/types-de-personnalite

Assante (Stéphanie), *Les 16 grands types de personnalité*, Τουλούζη, Dangles, 2012.

Bounoua (Mélissa), "Le test de personnalité Myers-Briggs, utilisé dans le monde, ne rime à rien", στο *Slate.fr*, Ιούλιος 2014, πρόσβαση στις 22 Σεπτεμβρίου 2015.

http://www.slate.fr/story/89949/ce-test-de-personnalite-utilise-dans-le-monde-entier-qui-ne-rime-rien

Buzaud (Élodie), "Do you have the personality to make a career?", στο *CadreEmploi.fr*, Μάιος 2015, πρόσβαση στις 26 Σεπτεμβρίου 2015.

http://www.cadremploi.fr/editorial/actualites/actu-emploi/detail/article/avez-vous-la-personnalite-pour-faire-carriere.html

"Ανακαλύψτε τον MBTI – Myers-Briggs Typological Indicator – και τους 16 τύπους προσωπικότητας", στο *16-types.co.uk*, πρόσβαση στις 20 Σεπτεμβρίου 2015.

http://www.16-types.fr/index.html

"Μάθετε περισσότερα για τον MBTI", στο *Metamorphoses.be*, πρόσβαση στις 22 Σεπτεμβρίου 2015.

http://www.metamorphoses.be/ressources-management-coaching-mbti-ur-67.html

Fauconnier (Flaure), "Se préparer aux tests de personnalité", στο *JournalduNet.com*, Ιούλιος 2006, πρόσβαση στις 22 Σεπτεμβρίου 2015.

http://www.journaldunet.com/management/0607/0607143-tests-personnalite.shtml

FONTAINE (Isabelle), "Intuition, the Intuitive Personality and the MBTI according to Jung", στο *Histoired'Intuition.com*, Ιανουάριος 2014, πρόσβαση στις 22 Σεπτεμβρίου 2015. http://histoiredintuition.com/2014/01/10/intuition-la-personnalite-intuitive-et-le-test-du-mbti-selon-carl-gustav-jung/.

Jung (Carl), *Psychological Types*, Γενεύη, Georg, 1997.

"Το MBTI: ένα πολύ περιεκτικό τεστ από τις Ηνωμένες Πολιτείες", στο *CadresOnline.com*, πρόσβαση στις 22 Σεπτεμβρίου 2015.

http://www.cadresonline.com/conseils/coaching/cv-lettres-entretiens/tests-de-recrutement/detail/article/le-mbti-un-test-tres-complet-venu-des-etats-unis.html

QUENK (Naomi L.), *Essentials of Myers-Briggs Type Indicator Assessment*, 2e edition, Hoboken (ΗΠΑ), Wiley, 2009.

RODIER (Anne), "Les tests de personnalité comme outils de recrutement sont remis en question", στο *LeTemps.ch*, Μάιος 2014, πρόσβαση στις 24 Οκτωβρίου 2015. http://www.letemps.ch/economie/2014/05/01/tests-personnalite-outils-recrutement-remis-question.

RUSSEL (Géraldine), "Le juteux business de l'indicateur de personnalité MBTI", στο *LeFigaro. fr*, Αύγουστος 2014, πρόσβαση στις 22 Σεπτεμβρίου 2015.

http://www.lefigaro.fr/formation/2014/08/06/09006-20140806ARTFIG00028-le-juteux-business-de-l-indicateur-de-personnalite-mbti.php

STROMBERG (Joseph), "Why the Myers-Briggs Test is Totally Meaningless", στο *Vox.com*, Οκτώβριος 2015, πρόσβαση στις 22 Σεπτεμβρίου 2015.

http://www.vox.com/2014/7/15/5881947/myers-briggs-personality-test-meaningless

"Testons les Tests!", Rouen, η έδρα Νέας Σταδιοδρομίας του Neoma Business School, πρόσβαση στις 24 Οκτωβρίου 2015.

http://www.chaire.neoma-bs.fr/nouvelles-carrieres/docs/HRI3.pdf

ΠΡΟΣΘΕΤΕΣ ΠΗΓΕΣ

Cauvin (Pierre) και Cailloux (Geneviève), *Les types de personnalité. Les types de personnalité. Les comprendre et les appliquer avec le MBTI*, Paris, ESF éditeur, 2008

Πύλη του *OPP*, ευρωπαϊκού διανομέα του δείκτη τύπου Myers-Briggs (MBTI).

https://www.opp.com/

MASLOW'S HIERARCHY OF NEEDS
Gain vital insights into how to motivate people
Personal accomplishment
Esteem
Belonging
Security
Physiologic
THE SWOT ANALYSIS
Internal factors
Strengths
Weaknesses
SWOT
Opportunities
Threats
External factors
50MINUTES.com

Κύριο ISBN: 9782808664295
ISBN: 9782808671712
Νόμιμη κατάθεση: D/2023/12603/493

Ψηφιακός σχεδιασμός: Primento,
ο ψηφιακός συνεργάτης των εκδοτών.